DISCOURS

PRONONCÉ

A LA SECTION DES TUILERIES.

DISCOURS

PRONONCÉ

A L'ASSEMBLÉE GÉNÉRALE

DE LA SECTION DES TUILERIES

le 12 vendémiaire an IV.

PARIS,

VENDÉMIAIRE AN IV.

1796.

DISCOURS

sur la nécessité d'adopter le Décret de
la Convention nationale portant ad-
mission des deux tiers des Membres
de cette Assemblée dans la prochaine
Législature,

PRONONCÉ

*à l'Assemblée générale de la Section
des Tuileries le 12 vendémiaire
an IV.*

Citoyens,

Une grande époque est arrivée; c'est
celle où le Peuple Français, long-tems
dévoré par le double fléau de l'anarchie
et de la tyrannie la plus sanglante, est
appelé à se donner un gouvernement

fondé sur des lois sages, qui affermisse à jamais son indépendance, comprime les factions, et ôte à de nouveaux ambitieux toute espérance de replonger la patrie dans les périls auxquels elle est à peine échappée. Depuis six ans la France a résisté aux plus terribles secousses; c'est assez dire que ses ressources sont épuisées, et qu'il n'est plus de salut pour elle que dans un gouvernement qui concilie les droits du peuple et la force tutélaire de l'unité monarchique. Cette vérité est trop généralement sentie pour que j'insiste sur la nécessité d'adopter celui qui vous est présenté; son ensemble offre à la liberté publique un rempart puissant contre les tentatives du despotisme et de l'anarchie; il assure à chaque citoyen la garantie de ses propriétés et le fruit de ses travaux. Ceux-là se proclameraient donc eux-mêmes les apôtres criminels de la guerre civile, qui rejetteraient le bienfait d'un système dont la pressante, l'absolue nécessité est sentie par tout ce qu'il y a d'hommes éclairés et vertueux. Je ne m'attacherai point à juger les différentes époques de cette révolution terrible, dont le torrent impétueux a tout confondu, tout entraîné dans sa fureur aveugle. Trop de passions nous agitent ; les opinions sont trop divisées ; les cris des victimes retentissent encore de trop près autour de nous ; trop de souvenirs amers se retracent aux ames sensibles, pour que je tente de vous les rappeler ces époques alternativement glorieuses et funèbres. Je parlerai seulement des résultats. Celui du 14 juillet 1789 donna à la France une constitution monarchique qui n'était sincèrement voulue que par ces hommes justes et droits, constamment étrangers aux orages politiques , et pour lesquels la tranquillité est un besoin. Les amis du trône n'y voyaient qu'un échafaudage informe, toujours prêt à s'écrouler ; ceux de la république qu'une transaction honteuse entre le despotisme et la liberté. Battue par toutes les tempêtes , elle ne pouvait résister long-tems ; elle fut anéantie. Le 21 septembre la République fut proclamée. Les crimes qui avaient précédé sa naissance entourèrent son berceau ; son nom devint en peu de tems le signal d'une horrible tyrannie ; tous les excès furent commis au nom de la liberté ; les prisons s'ouvrirent ; les échafauds furent dressés ; vingt-deux représentans du peuple y perdirent la vie ; des proconsuls assassins portèrent la désolation et la mort sur plusieurs points de la République : unis de crimes, ils ne pouvaient être divisés d'intérêts. De cet épouvantable concordat sortit une constitution nouvelle: elle offrit tout ce qu'on devait en attendre. Les pères de l'anarchie l'avaient créée en huit jours; ils ne prenaient pas même le soin de dissimuler le profond mépris que leur inspirait cet impromptu politique , appelé *Constitution de* 1793. Ces démagogues délirans et sanguinaires ORDONNÈRENT son acceptation : elle fut générale. La terreur comprimait toutes les ames, et peut-être les vrais amis de la patrie se croyaient-ils encore trop heureux d'avoir obtenu des lois. Leur espoir fut de courte durée : l'exécution de cette nouvelle charte fut suspendue; tous les forfaits, c'est à dire l'affreux gouvernement révolutionnaire, furent organisés , et la tyrannie prit de nouvelles forces jusqu'au 9 thermidor. A cette époque glorieuse , dont les auteurs auront des droits éternels à la reconnaissance des Français, tout chan-

gea de face : la Convention nationale ,
long-tems asservie et décimée , reprit l'é-
nergie qui lui appartenait , et répara , autant qu'il lui fut possible , les crimes de
ses tyrans et des nôtres ; les tribunaux ,
les commissions, les comités révolutionnaires furent supprimés ; les biens des
victimes assassinées rendus à leurs familles ;
les Carrier , les Fouquier , les Joseph Le-
bon , les agens principaux de la tyrannie
décemvirale envoyés à l'échafaud ; tout
annonça le retour de la justice. Un cri
nouveau se fit entendre ; ce fut celui d'une
constitution. L'anarchie , qui sentit que ce
cri était celui de sa mort , se réveilla : ses
chefs , aussi atroces que perfides , abusant
de l'empire qu'ils avaient acquis sur une
portion du peuple, respectable sans doute,
mais constamment égarée , organisèrent
le 12 germinal. Les vrais républicains ,
les seuls hommes dignes de ce nom, ju-

(9)

rent de périr ou de vaincre. Le terme des
affreux triomphes du crime était arrivé ;
les débris encore puissans du décemvirat ,
les odieux héritiers de son sanglant sys-
tême ne pouvaient lutter long-tems contre
la volonté toute puissante du Peuple Français. Honoré de votre confiance , Citoyens,
je fus à cette époque choisi par vous pour
porter en votre nom à la Convention
nationale l'expression de l'indignat on pro-
fonde dont vous étiez animés contre ces
éternels ennemis de l'ordre social , et
celle de votre dévouement pour la République et pour elle. La clémence , qui
avait marqué la victoire de germinal,
irrita la soif du sang ; le premier prairial ,
dès long-tems préparé , arriva ; la perte
de la liberté était certaine ; le trône de la
terreur allait se relever. La Convention
nationale et son Président , (1) par leur

____

(1) Boissy d'Anglas.

inaltérable courage , les citoyens par leur généreuse audace , anéantirent pour jamais les dernières espérances du crime. Ceux qui avaient été entraînés par la séduction furent désabusés ; les plus coupables tombèrent sous la hache tardive des lois ; d'autres furent jetés dans les prisons. Ici d'autres souvenirs pèsent sur ma mémoire et sur mon cœur.... Des cris de vengeance se firent entendre, ou plutôt une puissance invisible et farouche donna le signal de nouveaux forfaits , et vint rappeler ces journées désastreuses de septembre , œuvre à jamais exécrable de quelques monstres qu'il faudra long-tems reproduire à l'exécration des siècles pour leur éternel exemple , puisqu'un espace de trois années leur a donné des imitateurs. (1)

____

(1) Lyon , Marseille , Tarascon , et plusieurs autres villes , à l'époque de la réaction royale.

(11)

Citoyens, j'aurai le courage de pour-
suivre la tâche pénible, mais utile, que je
me suis imposée ; vous saurez avec moi
vouer à une juste horreur des attentats
dont vous n'êtes point les complices ; avec
moi vous atteindrez le but que je me pro-
pose ; avec moi vous vous rappellerez l'im-
pulsion illégale et barbare qu'un génie
malfaisant a donnée aux vengeances na-
tionales. La dernière heure de l'anarchie
était à peine sonnée, et déjà une réaction
funeste avait imposé silence aux tribunaux ; les lois étaient sans force, et, les ef-
fets succédant bientôt aux menaces, les
haines particulières exercèrent leur empire. Les ennemis constans de toutes les
idées libérales saisirent ce moment : tout
ce qui n'approuva pas avec eux ces san-
glantes représailles fut appelé PAR EUX
terroriste et *jacobin* : il suffisait d'avoir à
quelques époques servi la liberté, pour

mériter la proscription que distribuaient leurs libelles. Aujourd'hui, Citoyens, ces mêmes hommes intriguent parmi vous : nouveaux jacobins, ils sont altérés de sang. Ah ! les vrais amis de la patrie et de l'humanité ne sont altérés que de justice ! mais, quel que soit le masque de ces imposteurs, ils ne seront pas difficiles à reconnaître : ils viendront secouer au milieu de vos assemblées les torches encore fumantes de la guerre civile ; ils viendront, sous un air de candeur, proposer des mesures destructives de toute liberté, de tout gouvernement ; mais le peuple saura sans doute apprécier ce dévouement véritablement étrange pour ses intérêts dans des hommes qui, la plupart, constamment ennemis de ses prérogatives, n'invoquent aujourd'hui sa souveraineté que pour le précipiter de nouveau dans l'abyme des révolutions. Un exemple récent et terrible développera mieux ma pensée.

En 1791 l'Assemblée constituante, après avoir donné un pacte social aux Français, convoqua une législature nouvelle, et ordonna expressément qu'aucun de ses membres n'y pourrait être appelé. Cette loi désorganisatrice n'eut alors pour partisans hors de l'assemblée que les hommes qui voulaient amener la République : dans son sein l'amour-propre et l'air du désintéressement, plutôt que la conviction, lui donnaient à peu près autant d'approbateurs qu'on y comptait de membres. Le conseil du Roi sentit combien cette mesure allait devenir fatale à la constitution monarchique, et l'infortuné Louis XVI observa à l'assemblée, dans sa dernière séance, qu'il eût été à desirer qu'elle eût elle-même fait l'essai du nouveau gouvernement qu'elle venait de donner à la

France ; qu'il était peut-être à craindre que des législateurs nouveaux , aussi subitement appelés , n'arrivassent avec des intentions subversives. Ces observations sages , dont une antique expérience démontrait déjà la vérité , et qu'une expérience récente a irrévocablement confirmées , ne pouvaient avoir, et n'eurent en effet aucun résultat ; mais elles se gravèrent profondément dans tous les bons esprits. On prévit dès lors tous les maux qui menaçaient la patrie , qui depuis l'ont déchirée , et dont le renouvellement entier de l'Assemblée constituante fut la première cause. Peut-être n'est-il pas inutile d'observer que, parmi les hommes qui maintenant s'élèvent contre le renouvellement par tiers de la Convention nationale, on en compterait plusieurs qui défendirent , avec toute la force de la raison , du tems de l'Assemblée constituante , cette même opinion qu'ils attaquent aujourd'hui avec tout le délire de la fureur. Les intérêts particuliers sont changés sans doute, car ceux de l'État sont restés les mêmes.

Ce terrible exemple serait-il sorti de votre mémoire, ou les passions aveugleraient-elles à ce point les hommes sur leurs intérêts les plus chers, et leur feraient-elles sacrifier aux plus injustes, aux plus absurdes préventions le salut de leur pays et leur propre salut, qu'au point où nous sommes il n'est plus possible de séparer !...

Vos ennemis, Citoyens, sont mieux convaincus que vous - mêmes de ces importantes vérités : ils savent que le vœu général du Peuple Français est énergiquement prononcé ; que ce n'est pas en vain qu'il a juré de maintenir son indépendance , et que ses quatorze armées victorieuses ont rempli et remplissent chaque jour cet auguste serment ; ils savent que, pénétrés d'une même horreur pour les tyrans révolutionnaires, et les troubles sans cesse renaissans de l'anarchie, les citoyens vertueux et paisibles ont besoin de repos à l'abri d'un gouvernement également éloigné du despotisme et de la démagogie; ils savent que celui qui est présenté à votre acceptation peut, s'il est confié à des mains fermes et pures, rendre heureux ce peuple si long-tems abusé dans ses plus chères espérances; ils savent enfin que les Républicains le plus cruellement persécutés sous la terreur sont décidés à périr pour soutenir les droits sacrés du peuple et de l'humanité, qui ne sont pas de vains mots dans leur bouche. Que reste-t-il donc à faire à ces éternels ennemis du bonheur de la patrie? Semer les défiances, aigrir les soupçons, confondre dans la même proscription les sages amis de la liberté et les bourreaux révolutionnaires qui trop

long-tems déshonorèrent sa cause, rappeler d'horribles souvenirs, exaspérer les esprits contre l'autorité, nous rendre la
guerre civile, et avec elle tous les mal-
heurs !........ Jetez vos regards autour de
vous, Citoyens ; la défiance, le trouble,
la terreur sont déjà dans toutes les ames :
on s'interroge des yeux, toutes les passions haineuses ont repris leur empire : des
divergences d'opinion, qui mériteraient
tout au plus, dans d'autres circonstances,
une discussion sérieuse, rendent ou vertueux ou conspirateurs ; tous les principes
sont méconnus, toutes les autorités avilies ;
un jacobinisme fougueux semble s'être em-
paré à la fois de toutes les tribunes.......
Citoyens, tant d'affreux succès ne vous
alarment-ils pas ? Attendez-vous que le
sang français inonde encore cette malheu-
reuse cité ?...

Mais non, les citoyens éclairés, ceux qui

cherchent franchement la vérité et le bonheur de la patrie, ne seront pas les ins-
trumens de cette faction criminelle qui
demande le renversement de l'ordre social
pour atteindre plus facilement à son but,
le rétablissement de cette dynastie qui
n'eut ni assez de sagesse pour conserver,
ni assez de courage pour conquérir. Ils
concevront qu'ils n'ont point de salut à
attendre dans une nouvelle révolution, et
qu'une nouvelle révolution commencerait
le jour où vous rejetteriez le décret salutaire qui conserve les deux tiers de la Convention nationale dans le nouveau Corps
législatif. UNE NOUVELLE RÉVOLUTION !
ce mot seul ne vous glace-t-il pas de terreur ? Six années de déchiremens et de
crimes ne vous ont-elles pas assez fait con-
naître le prix d'un gouvernement fort et
juste ? Ils osent invoquer le nom du peuple ces hommes qui, parce qu'ils furent

persécutés , veulent devenir à leur tour persécuteurs ; qui semblent regretter l'héritage de la tyrannie ; auxquels il n'a manqué , pour avoir été de véritables terroristes , qu'une place dans un comité révolutionnaire , et qui flétrissent indistinctement du nom de jacobin , devenu justement odieux , tous les amis de la liberté !

C'est à vous seuls que je parle , c'est vous seuls que j'ai voulu convaincre , hommes justes qui , placés entre tous les excès , n'avez voulu et ne voudrez jamais que le bonheur de votre pays. L'expérience des siècles nous crie d'abandonner la chimère des abstractions pour nous reposer dans le sein d'un gouvernement fort et libéral, ennemi de toutes les factions et protecteur de tous ceux qu'elles ont égarés. Quelles qu'aient été nos opinions politiques , ne cessons de nous répéter que le jour de nous réunir est enfin arrivé ; que par de nou-

velles divisions nous rallumons infaillible-
ment la guerre civile ; qu'en révolution
il n'y a de coupables que les assassins , les
voleurs, les délateurs ; que les représailles
sont toujours suivies de représailles , et que
le sang de plusieurs générations peut couler
pour les erreurs d'une seule. Les Républicains veulent la paix , tous les Français en
ont besoin ; mais qu'on cesse d'espérer
qu'ils puissent l'acheter jamais au prix de
leur honneur et de leur liberté. Ce n'est
pas quand l'Europe entière rend hommage
aux armes triomphantes de la République
qu'une poignée d'intrigans rallumera parmi nous les torches de la guerre civile, et
se félicitera de nos désastres. Pour moi
j'ai dû vous dire des vérités fortes d'où
dépend votre salut ; je dois vous dire que
vous n'avez pas encore pesé dans le silence
des passions la mesure qui vous est pro-
posée. On a essayé, et malheureusement

avec trop de succès, d'en faire une qué-
relle de partis : par-là vos ennemis vous
ont mis dans la position la plus favorable
à l'exécution de leurs horribles desseins ;
ils vous ont placés en face de la guerre
civile. Forts de la complicité de quelques-
uns, ils comptent sur la faiblesse de ceux-ci,
sur l'inexpérience et l'égarement de ceux-
là ; ils associent à l'exécution de leurs pro-
jets la juste horreur du terrorisme, et font
servir à leurs desseins le plus pur, le plus
auguste de tous les sentimens, l'amour de
la patrie. Tels sont vos implacables ennemis : vous n'ignorez plus le sort que leur
triomphe vous prépare; c'est encore du
sang qu'ils demandent; et s'il est vrai que
la calomnie et la proscription soient les
éternelles récompenses du courage et de la
vérité, ma conscience me reste et me venge.

J'adopte sans restriction, et pour le sa-

lût de mon pays, le décret de la Convention nationale qui place les deux tiers de
ses membres dans la prochaine législature,
et je déclare comptables à l'état de tout le
sang qui serait versé les hommes ou trom-
pés ou perfides qui pourraient rejeter cette
mesure salutaire.

www.ingramcontent.com/pod-product-compliance
Lightning Source LLC
LaVergne TN
LVHW012126170726
843501LV00008BC/3041